# ÉLOGE

## DE

# M. LE MARÉCHAL MONCEY,

## DUC DE CONÉGLIANO,

### PAR

## LE BARON CHARLES DUPIN,

PAIR DE FRANCE.

---

### A L'USAGE

DES ÉCOLES RÉGIMENTAIRES DE L'ARMÉE FRANÇAISE.

La vertu sous les armes.

## 2ᵉ ÉDITION,

ENRICHIE DE PIÈCES OFFICIELLES INÉDITES.

---

PARIS,

TYPOGRAPHIE DE FIRMIN DIDOT, FRÈRES,

rue Jacob, 56.

—

1843.

# VOEUX



## ADRESSÉS AUX SOLDATS FRANÇAIS.

Je voudrais que ce livret pût mériter l'attention de nos soldats.

Je voudrais qu'en lisant, dans leurs chambrées ou sous leurs tentes, la vie d'un maréchal qui remporta tant de victoires et qui sut donner à la France une gloire toujours si pure, chacun d'eux répétât, au fond de son âme :

Il a commencé, comme nous, par être simple soldat;

Il est resté, comme nous resterons, plusieurs années avant d'être fait sous-officier;

Il est resté, comme nos sous-officiers, plusieurs années avant d'être fait officier;

Il est resté, comme aucun militaire capable, actif et dévoué, ne resterait aujourd'hui, *vingt-quatre ans* au service avant d'être fait capitaine;

Et son amour de la patrie, son dévouement au drapeau, n'étaient pas rebutés d'un si long retard.....

Mais, comme il avait un cœur à toute épreuve, sa patience a fini par être plus forte que la fortune réfractaire. Aussi la fortune, une fois ramenée par sa bravoure, l'a fait monter au plus haut des grades et de la renommée.

Grenadiers! j'ai rappelé votre plus belle gloire, avec le nom de La Tour d'Auvergne, qui vécut et mourut grenadier comme vous.

Voltigeurs! venez voir comment, sous les

ordres d'un Moncey, vous savez, pour la vaillance et le succès, égaler les grenadiers, même commandés par un descendant des Turenne.

Militaires de tous rangs et de toutes armes! voyez quel amour de la discipline et de la vertu Moncey commandait aux cœurs des enfants de la patrie qui servaient sous ses drapeaux.

Enfin je m'adresse à vous, élite de l'armée active, infanterie, cavalerie, génie, artillerie, qui poursuivez en Afrique une guerre où l'homme a tant à souffrir, où les Romains supportaient moins gaiement que vous la souffrance, et ne bravaient pas mieux la mort, sous les ordres des Scipion, des Marius et des César. Je voudrais pouvoir, un moment, charmer l'austérité de vos bivouacs, au fond des gorges de l'Atlas ou sur les confins du désert, par le récit de ces manœuvres et de ces batailles, où la colonne infernale, après des marches incroyables, qui ne surpassaient pas les vôtres, portait comme vous la terreur au milieu de nos ennemis en franchissant les Pyrénées, qui sont l'Atlas de l'Espagne.

Lorsque votre piété filiale applaudirait aux triomphes des héros qui sont vos pères, vous pourriez vous dire : Voilà comment un jour nos enfants, campés sur d'autres Pyrénées, ou franchissant un autre Atlas, porteront à leur tour plus loin la puissance et la gloire de la nation; voilà comment ils applaudiront à nos périls, à nos succès, en continuant d'agrandir le territoire et le renom de la patrie.

*Un ancien soldat français.*

# ÉLOGE

## DE M. LE MARÉCHAL MONCEY,

### DUC DE CONÉGLIANO,

PRONONCÉ LE 14 JANVIER 1843, A LA CHAMBRE DES PAIRS,

**PAR M. LE BARON CHARLES DUPIN.**

———◆———

MESSIEURS LES PAIRS,

M. le Maréchal Moncey, duc de Conégliano, ne
présente pas seulement, aux fastes de son pays,
des batailles gagnées, des places prises, des trésors conquis et respectés, des flottes capturées,
des peuples soumis, et les vaincus enchaînés au
vainqueur par l'humanité, la justice et la probité.
La paix, cet écueil des capitaines qui n'étendent
pas leur mérite au delà de leur épée, la paix ajoute
à la grandeur de sa carrière. Chez lui, disons-le,
les qualités du citoyen surpassent encore les dons
du génie militaire; l'homme... illustre le général;
il remporte en lui-même ses plus nobles victoires;
et sa vie, contemplée dans toutes ses phases, offre
pour spectacle constant, la vertu qui règne, et
sous les armes, et les armes déposées. C'est le tableau que je veux présenter.

Moncey naquit en 1754, près du village où s'élevait le manoir de ses pères, et dont plus tard il prit le nom (1).

Il était d'un pays abrupt et pauvre, berceau des âpres courages et des volontés persistantes; d'un pays soumis, sans être asservi, par les ducs de Bourgogne, par Charles V, par Philippe II, par Louis XIV; et qui, seul entre les provinces arrachées ou réunies à la monarchie française, avait gardé le noble titre de Franche-Comté, la comté libre!

Il était fier de sa province; citoyen, avant tout, de son département; tenace aux intérêts publics d'un conseil général qu'il a présidé; bienfaiteur de Moncey, sa commune presque natale, qui lui devait un pont pour le commerce, un hospice pour les malades, une école populaire ouverte aux enfants des quatre paroisses où ses terres s'étendaient; non moins heureux, pour ce · bien-faits, d'une médaille de Franklin, que de ses plus nobles victoires; toujours prêt à favoriser de son crédit, de ses secours, les institutions utiles et les utiles citoyens. Dans le Doubs, le Jura, la Haute-Saône; à Paris, à l'armée, partout, sa maison, sa tente et son cœur étaient ouverts aux Comtois, ses bien-aimés compatriotes.

Son père s'honorait du titre d'avocat au parlement de sa province. Sous l'égide d'un tel mentor, il commença ces études littéraires qu'on n'a pas appelées en vain les humanités; il leur a dû la politesse parfaite de ses manières et la haute con-

---

(1) Son nom de famille était Jeannot.

venance qui dans les temps les plus divers, a caractérisé ses actions, ses écrits et ses paroles.

Il n'avait pas terminé ses premières études, à Besançon, et déjà son imagination, fortement frappée, cédait à l'attrait de la carrière des armes ; attrait toujours si puissant au milieu d'une grande place de guerre et d'un peuple belliqueux. Il s'engage volontairement (1) à quatorze ans et demi. Sa famille, pleine de la pensée qu'il pourrait suivre avec éclat la profession du barreau, s'empresse de le rendre à la vie civile. Bientôt son naturel l'emporte ; il s'engage une seconde fois (2) : il reste enrôlé tout le temps qu'il faut pour s'abreuver des dégoûts qu'accompagnait à cette époque l'apprentissage de la guerre, dans le rang de simple fusilier. C'est alors qu'il apprécie mieux quelles difficultés extrêmes arrêtaient le jeune homme qui, sans appartenir aux classes privilégiées, débutait par être soldat, avec l'ambition de s'élever par ses services ! Il perd de nouveau l'espoir de percer la foule, et quitte encore la carrière des armes, pour s'adonner avec constance, il le croyait du moins, à la profession qu'honorait son père. Il se livre donc sérieusement à l'étude du droit. Il y puise les principes de justice et de légalité qui devinrent les règles de sa vie, qui furent les lumières de sa conduite, et qui gravèrent dans son âme un respect inaltérable pour la loi.

En vain nous luttons pour résister à notre desti-

----

(1) Dans le régiment de Conti : infanterie.
(2) Dans le régiment de Champagne : infanterie.

née! Deux expériences manquées, leurs illusions déçues, ne peuvent arrêter Moncey. Un penchant irrésistible l'entraîne; une troisième fois il revient à la profession des armes(1). A partir de cet instant, il restera soixante et huit années fidèle à la religion du drapeau.

A l'âge où les plus célèbres généraux ont presque tous acquis leur grande renommée, il n'a rien pu faire encore pour la sienne; rien! que se rendre digne de l'obtenir au premier souris de la fortune. Mais l'ancien régime élève un mur d'airain entre la gloire et ses efforts; il le condamne à végéter dans un poste de lieutenant, malgré vingt-trois années d'honorables services. Enfin l'émigration permet que Moncey gagne un grade, à l'ancienneté. Tel est son rang à l'armée des Pyrénées-Occidentales, lorsque l'Espagne ose attaquer la France.

Aux avant-postes de cette armée, que je voudrais rendre vivante à vos yeux, avec ses passions, son héroïsme et ses misères, le hasard a jeté deux hommes, deux seulement, qui, simples capitaines au début de la guerre, vont marcher de front, et parvenir, chacun dans sa sphère, au faîte de l'honneur.

L'un, sans nom pour percer la foule, au milieu des sept cent mille concurrents qui luttent sur nos

---

(1) Il s'engage alors (en 1774) dans le corps lorrain de gendarmerie. En 1778, il est nommé sous-lieutenant dans les dragons de Nassau-Siegen. Ce corps devint, en 1788, *les chasseurs cantabres*, en 1791, le 5e bataillon *d'infanterie légère*. Moncey fut nommé capitaine dans ce bataillon le 12 avril 1791.

frontières, ne trouvant d'appui qu'en son épée, de relief qu'en sa vertu, de protecteur qu'en ses victoires : c'est Moncey, que bientôt ses services feront chef de l'armée.

L'autre, d'une telle naissance, que la renommée l'annonce, même avant qu'il ait combattu ; si brave, que ses actions auraient révélé sa personne à qui n'eût connu que son nom : c'est La Tour d'Auvergne, le descendant des Turenne, qui s'indigne, en mourant *Premier grenadier des armées de la République* (1) (A), qu'on l'ait distingué, par ce titre, des grenadiers ses égaux (B).

Aujourd'hui que les enfants des familles opulentes s'éloignent en si grand nombre du service de la patrie, et se révoltent de songer que leur présence à l'armée, même en temps de paix, ne les mène pas sur-le-champ, de plein droit, aux grades les plus éminents, j'ai jugé qu'il était bon d'arrêter la pensée de tous sur cette gloire patiente, héroïque et modeste d'un La Tour d'Auvergne ; gloire qui surpasse, à mon sens, tous les empressements de la faveur, et tous les dons de la fortune.

Moncey, patient aussi sur le chemin de l'honneur, chaque fois qu'il monte d'un grade a déjà mérité de monter plus haut. En deux combats mémorables il a sauvé l'une et l'autre aile de l'armée avant d'être élu, provisoirement et sur le champ de bataille, général de brigade.

Arrêtons ici l'attention du soldat français sur

---

(1) Voyez à la fin de l'éloge les notes A, B, C, D, etc.

ces premiers faits d'armes, où l'homme de guerre se révèle à lui-même son génie, et prend sa place au champ d'honneur.

Il a sous ses ordres douze compagnies de chasseurs, bivouaquées dans les gorges des Pyrénées, en avant de l'avant-garde de l'aile gauche. Attaqué par un corps considérable d'Espagnols, il les repousse, et, sans autres armes que ses baïonnettes, il leur prend trois canons. Assailli par une force trop supérieure, il se retire lentement, enlève derechef une batterie qui s'avançait trop contre lui; continue de combattre lorsque notre avant-garde, encore mal aguerrie, perd son ordre de bataille; choisit habilement une position défensive, y devient le point d'appui des soldats dispersés qui se rallient à ses compagnies, et met un terme à la déroute, au moment même où le général français périt dans la mêlée.

Par un tel début, Moncey manifeste aux yeux de tous les qualités qui font le grand homme de guerre : autant d'audace dans l'attaque et d'ardeur dans le succès, que de fermeté dans les revers et de sang-froid dans la retraite.

Voilà son premier triomphe qui le fit nommer, à l'unanimité des voix, chef de bataillon, par les compagnies à la tête desquelles il venait d'obtenir la gloire.

Le chef de bataillon Moncey passe de la gauche à la droite de l'armée des Pyrénées-Occidentales, toujours à l'avant-garde, et cette fois ayant sous ses ordres la Tour d'Auvergne avec ses grenadiers. Une fièvre d'épuisement a saisi Moncey, qui va partir pour recouvrer les forces et la santé. A ce moment les Espagnols se sont promis de surprendre les Français campés en arrière et près de l'embouchure de la Bidassoa. Leur corps d'armée, fort de quinze mille hommes, met à profit une des plus basses marées pour franchir la rivière et longer le rivage, afin de tourner, pendant la nuit, nos positions. Qui pourrait surprendre nos deux héros! Moncey, le plus voisin de l'ennemi, oublie sa faiblesse et ses souffrances. Il attaque en flanc la colonne ennemie, et bientôt, secondé par les grenadiers de son digne émule, il arrête les Espagnols, leur fait éprouver des pertes immenses, et les repousse en désordre de l'autre côté de la Bidassoa (C). Voilà le champ de bataille où les représentants du peuple le nomment général provisoire de brigade.

Soit ombrage d'un pouvoir assis sur la terreur et tremblant lui-même, soit délation cachée, les avancements définitifs se multiplient, et Moncey reste seul dans sa position précaire. Il porte le nom du lieu qui l'a vu naître et de l'héritage paternel : Serait-il noble? Non! disait l'ancien régime, pour l'arrêter dans sa carrière : Si! répond le nouveau, pour l'arrêter à titre contraire : son sang, versé qu'il est pour la patrie, semble encore suspect à la peur égalitaire.... Mais ses compagnons d'armes, les soldats, les sous-officiers, les officiers de son ancien bataillon, de son ancienne brigade témoignent de ses vertus, de son civisme(D); la conduite entière du héros citoyen parle pour lui; ses services continuent et grandissent.

Ce n'est plus assez d'une confirmation tardive et contestée, il faut une réparation glorieuse; et le législateur la donne en le nommant, par un décret, général de division.

A ce titre, il mène au combat l'aile gauche de l'armée : se rendre maître des camps, des redoutes qui protégent deux points culminants des Pyrénées; envahir les vallons qu'ils dominent; descendre avec rapidité le long de la Bidassoa; par une manœuvre hardie passer, en tournant l'ennemi, de la gauche à la droite de nos positions; prendre à revers la montagne fameuse des Quatre-Couronnes, et, par des sentiers escarpés, qu'on met six heures à gravir, enlever d'assaut les batteries et les retranchements; aider, aussitôt après, à la reddition de Fontarabie; s'emparer seul du port du Passage; puis, par la terreur que sa marche inspire, faire mettre bas les armes à la garnison de Saint-Sébastien (1), et capturer une marine avant que ses voiles la sauvent : tels sont les débuts du nouveau divisionnaire.

Lé général en chef, le plus conciliant, le plus doux, le plus patient des hommes, harcelé, fatigué, compromis par la tyrannie des représentants du peuple, en mission dans son armée, le vaillant et sage Muller renonce au commandement; pour son successeur, il propose Moncey. Celui-ci s'en défend. Afin d'élever une armée française à toute la gloire qu'elle est digne de conquérir, son pa-

---

(1) C'est La Tour d'Auvergne qui fit la sommation, à la tête de l'avant-garde de Moncey, sans artillerie de siége, et sans travaux d'attaque.

triotisme rêve une expérience qu'il ne croit pas
avoir acquise, un génie qu'il n'ose pas s'avouer;
c'est peu que sa modestie le condamne de la sorte
en secret, en silence. Ce qu'il pense contre lui-
même, il le dit, il l'écrit, il le signe, avec l'éner-
gique franchise d'un citoyen qui préfère à tout
son pays. La médiocrité, qui serpente avec art
jusqu'au sommet de toutes choses, la médiocrité
va refuser de comprendre, et trouver étrange
cette abnégation de héros : Aristide et Catinat
l'auraient trouvée toute naturelle.

Singulier gouvernement que celui de la République, au paroxysme de ses passions. Ce guerrier,
qui tout à l'heure était suspect de naissance orgueil-
leuse, le voilà devenu suspect de modestie patriotique. La méfiance, heureuse de ne croire personne sincère, ne doute pas un seul moment du
mérite qu'il se dénie. L'autorité passe outre à ses
refus (E), et ne lui permet plus de répondre que
par la victoire à sa promotion forcée.

Le temps n'a fait qu'accroître les obstacles.
Les proconsuls en mission près de l'armée, pour
retenir les Espagnols dans le pays déjà conquis,
ont incarcéré, comme otages, les magistrats, les
nobles et les prêtres; l'instrument des supplices
républicains est préparé dans Saint-Sébastien et
dans Tolosa. La révolte jaillit de l'oppression! Les
montagnards exaspérés se rappellent que leurs
ancêtres ont suffi pour exterminer des forces fa-
meuses; ils fuient, mais pour aller chercher des
armes, et dix mille guérilleros s'ajoutent à nos
ennemis.

Loin d'applaudir servilement à des férocités ineptes, Moncey trouve en son âme assez d'audace pour réclamer justice et clémence, à quel tribunal? au comité de Salut public! On est encore en l'an II, et Moncey mande aux Décemvirs, en propres termes : « Je pense que, « par des moyens doux, par des procédés tou- « chants, si naturels aux Français, nous devons « faire revenir les habitants égarés des monta- « gnes. »

S'il remporte la victoire, il faudra bien que sa voix soit écoutée; alors les cachots s'ouvriront, les prêtres seront rendus à la liberté, les suspects à l'innocence, et les communes espagnoles aux libertés municipales : mais avant tout il faut combattre.

Moncey groupe ensemble vingt bataillons de choix; l'élite de cette élite, vingt compagnies de grenadiers sont placées en tête avec La Tour d'Auvergne. Telle est la célèbre colonne que la langue sauvage de l'époque appelle *infernale;* mais que la patrie, guerrière et poétique, des Pélopidas et des Pindare, eût appelée céleste ou sacrée, pour l'amour divin de la gloire et de la vertu, dont ses soldats sont animés, et pour leur mépris surhumain des périls, du besoin et des fatigues. En deux jours et deux nuits, ils marchent quarante-trois heures, par les défilés des montagnes, se permettant à peine, en tout ce temps, cinq heures de halte, afin de commencer, à l'aube du troisième jour, l'attaque, c'est-à-dire la défaite de l'ennemi (F). Le reste de l'armée, en colonnes collatérales, converge vers le même but (1) pour frapper au même moment. Par ces combinaisons savantes (G), partout où l'ennemi s'ose montrer à découvert, il est vaincu ; ses positions retranchées, prises à revers, sont enlevées de vive force ; et les débris des Espagnols s'enfuient par la vallée de Roncevaux, si funeste à nos chevaliers dans les guerres du moyen âge.

Une pyramide attestait, dans cette vallée, la défaite qu'a subie, dix siècles auparavant, l'arrière-garde de Charlemagne, surprise et massacrée par les montagnards. A la voix de Moncey, la main des Républicains renverse ce monument de l'imprudence et du malheur de nos ancêtres.

Que fera l'armée française afin d'éviter à son tour qu'un monument, œuvre de ses mains, soit renversé par la fortune, comme celui de Roncevaux ? Elle méprisera le marbre et le granite pour écrire sa gloire sur le terrain de ses triomphes. C'est dans le cœur des vaincus qu'elle veut graver sa mémoire en traits de reconnaissance et d'admiration, que n'effacera point le temps.

Les vainqueurs ont enlevé cinquante canons à l'ennemi. Pour principal avantage, ils ont conquis les magnifiques établissements maritimes et militaires d'Enguy, d'Orbaycette et d'Irati. Le général en chef y trouve un matériel de trente-deux millions, qu'il fait transporter dans nos arsenaux avec une fidélité religieuse (2). Voilà pour la France ; voici pour l'Espagne.

---

(1) Villanuova, qui donna son nom à cette belle victoire.

(2) Il fallut un mois pour transporter ces richesses en France, avec tout l'outillage des établissements conquis.

A des bulletins militaires appartient d'énumérer des captifs après chaque victoire. Mais ici l'humanité s'en fait honneur, et la justice le réclame. Si l'on exécutait un décret révolutionnaire, qui vient de paraître, deux mille cinq cents Espagnols, loyalement devenus prisonniers, seraient sans rémission passés par les armes. Le général Moncey n'a pas voulu *qu'une proclamation de guerre à mort* fût entendue, dans son armée, avant sa première victoire : afin de sauver les premiers vaincus qui tomberont en son pouvoir. L'instant d'après, il fait plus. En faveur de nouveaux captifs, au péril de sa tête, il refuse d'obéir au décret voté, par assis et levé, dans la Convention, pour égorger tout prisonnier fait en Espagne. Les délateurs s'en souviendront..., s'il cesse un moment d'être nécessaire !

Voici la mauvaise saison, toujours si rude au milieu des Pyrénées ; un ouragan dévastateur tel que la fin de l'automne en voit parfois éclater dans les montagnes, suivi pendant plusieurs jours, de vents, de pluie et de grêle, abîme les chemins, rend les torrents infranchissables et sauve l'ennemi d'une destruction totale. Ici commence un enchaînement de misères qui feront souffrir le vainqueur plus encore que le vaincu : un admirable souvenir va nous en distraire un moment.

Le jour même où la Convention nationale est informée des premières victoires remportées dans cette campagne, par l'armée des Pyrénées-Occidentales, elle décrète que cette armée a bien mérité de la patrie, et recevra les emblèmes de la gratitude nationale.

Ces honneurs, regardés alors comme le comble de la gloire, font naître une solennité simple et grave, qui caractérise une époque où tout était encore enthousiasme et dévouement.

Nos troupes qui viennent de remporter un nouvel et brillant avantage à Bergara, descendent des montagnes pour jouir de leur renommée, à Tolosa, capitale du Guipuscoa. Les bataillons victorieux forment un immense carré, renfermant au centre, pour trophées, les prisonniers, les canons, les drapeaux conquis. Alors on déploie l'étendard d'honneur sur lequel sont inscrits ces mots, qui font battre tous les cœurs :

*A l'armée des Pyrénées-Occidentales :*
*le peuple français*
*reconnaissant.*

Le général en chef prend la couronne de chêne également adressée aux vainqueurs; il l'attache à la lance du drapeau, puis il dit à ses compagnons d'armes :

« Citoyens ! la patrie honore vos premiers efforts en vous offrant cet étendard, vous y répondez par de nouveaux succès; elle vous décerne la couronne civique, répondez-y par des vertus dont le bienfait est la dette des vainqueurs et le droit des vaincus. Le peuple français ne se contente pas des victoires qui le font redouter, il vous ordonne de faire aimer. Respectez les biens, les familles,

les lois des conquis, plus que ne feraient leurs propres défenseurs. Par là vous montrerez que vous savez révérer la liberté des autres hommes, autant que défendre la vôtre. Vive à jamais la liberté ! »

L'armée française ne s'est pas bornée à de vaines acclamations en écoutant ce magnanime langage ; elle en a pratiqué les préceptes. Sa conduite exemplaire a laissé pour elle et pour son chef, dans les provinces conquises, des sentiments d'admiration et de gratitude dont nous retrouverons, plus tard, les puissants et nobles souvenirs.

Déjà le dénûment ; la famine assaillent les conquérants. La discipline, si difficile à conserver dans la misère, est plus forte que le besoin ; mais la nature est plus forte que tout, et se venge. La mortalité commence à ravager nos bataillons ; elle redouble avec les rigueurs d'un hiver extraordinaire, sous le climat glacial des Pyrénées.

L'hiver si terrible de 1794 à 1795, qui permit aux troupes françaises d'enlever de pied ferme et comme à l'assaut les flottes de la Hollande, fait endurer des souffrances supérieures aux forces de l'homme, à nos soldats cantonnés sur la ligne des Pyrénées (II). Soit incurie, soit incapacité, ou seulement impuissance, le gouvernement républicain va laisser mourir de froid, de faim et de misère, les guerriers auxquels sont votées de stériles actions de grâces.

Des maladies épidémiques, enfantées surtout par une nourriture insuffisante et malsaine, font périr dans les hôpitaux douze mille soldats : sans compter ceux qui meurent sur les chemins ou dans les villages, et ceux qu'un affreux dénûment pousse à la désertion. Qui le croirait ! d'une armée qui comptait soixante mille soldats lorsqu'elle remportait sa dernière victoire, il ne restait plus à la fin d'un hiver forcément passé dans l'inaction, que vingt-cinq mille hommes ayant quelque force pour porter les armes; et cette élite, ce débris des guerriers les plus robustes, réduit, depuis longtemps, à la moitié du pain qu'il faut pour vivre, ils paraissaient plutôt des spectres que des soldats, dit le grave historien (1) militaire à qui j'emprunte les couleurs de cette hideuse peinture.

Remarquons bien qu'on est loin encore de l'époque dégénérée qui vit finir un Directoire devenu, dans ses derniers temps, corrupteur et corrompu. Non! c'est en pleine Convention, sous le régime de fer qui se glorifie d'enfanter partout des armées, et qui ne sait, malgré les spoliations, les confiscations, les réquisitions appesanties sur tout un peuple, procurer en suffisance à nos défenseurs, ni vêtements, ni chaussures, ni solde, ni subsistance (I) : voilà ce gouvernement révolutionnaire dont la fatale violence faisait mourir ses proscrits sur l'échafaud et ses soldats dans la misère.

Pendant huit mois, Moncey se débat contre ces lugubres obstacles; il cherche à réorganiser ce que les maladies et le dénûment désorganisent sans cesse. Malade lui-même, il partage les besoins, les

______

(1) Le lieutenant-général Jomini.

souffrances de ses soldats, comme il avait partagé leurs combats et leurs succès. Général en chef, il ne croit pas davantage pouvoir profiter d'un congé reçu pour rétablir sa santé (K), quand son armée est atteinte du fléau d'une épidémie, qu'il n'en avait profité, quand il avait fallu, chef de bataillon, sauver l'aile droite de l'armée.

Dès qu'arrive le printemps, il s'adresse avec ardeur aux administrations départementales de tous les lieux de la France où se trouvaient ses soldats en convalescence et les recrues qu'on lui destine; il les conjure, au nom de la patrie, de presser les retardataires. Il recompose ainsi son armée; mais ce n'est qu'à la fin de juin, qu'aidé des renforts envoyés après la première pacification de la Vendée (1), il peut reprendre l'offensive.

Moncey manœuvre pour couper en deux l'armée des Espagnols; il enfonce le centre, et fait en même temps attaquer par les deux flancs la gauche de l'ennemi, qui nous abandonne, pour prix du combat, deux places de haute importance: Vittoria, et surtout Bilbao, avec leurs immenses magasins militaires. Ces conquêtes sont le prix de dix-neuf jours de marches et de combats sans relâche.

Par ces faits d'armes multipliés et par la grandeur des résultats, l'armée qui lutte et triomphe à l'occident des Pyrénées, égale les exploits et la gloire d'une autre armée, qui, fortifiée par les

_______________

(1) Conclue le 20 avril 1794, à Saint-Florent avec Stofflet, à la Mabilais avec les Chouans.

vainqueurs de Toulon, s'illustre, à l'orient, sous Dugommier et Pérignon.

Ainsi battue aux deux extrémités abordables de sa défense naturelle, l'Espagne implore la paix, et va l'obtenir.

Une trève signée, et la paix imminente, les immenses approvisionnements qui se trouvaient dans Bilbao pouvaient, par le simple silence du chef de l'armée française, rester au gouvernement espagnol, qui fit offrir quinze cent mille francs au vainqueur, s'il voulait seulement fermer les yeux. A cette époque, la solde du général était par mois de *huit francs* en numéraire, et le reste en assignats sans valeur. Moncey pourvoyait au surplus de sa dépense en aliénant son modeste patrimoine. Eh bien! la France a reçu, sans rien savoir de l'offre corruptrice, tout ce qui formait sa prise légitime, dans les trésors de Bilbao.

En redisant les beaux traits des généraux illustres et désintéressés, de Cimon, d'Épaminondas, de Phocion et de Cincinnatus, Plutarque n'a rien rapporté de plus généreux et de plus noblement oublié par les auteurs mêmes de semblables actions.

La paix conclue, l'armée dissoute, Moncey commande la division militaire qui comprend la Gironde, les Landes et les Basses-Pyrénées, théâtre de sa gloire.

A sa mission de guerre succède une mission de paix, qu'il accomplit avec le même amour intrépide de l'ordre et de l'humanité (L). Cela trouble les factieux, qui le dénoncent, sans relâche, pendant dix-huit mois. Enfin le coup d'État de fructidor (1) assouvit leurs ressentiments, brise l'épée de Moncey, et le jette dans la réforme : voici ses crimes.

Il n'a pas craint d'alléguer un motif de santé délabrée par d'immenses fatigues, pour se défendre d'accepter un commandement de guerre civile, aux confins de la Vendée....... Pareil motif l'arrêtait-il à travers les Pyrénées, et quand il fallait, au fort de l'hiver, écraser l'Espagnol entre la mer et la Bidassoa! ce n'est pas un vrai citoyen... Il se permet d'opposer le même obstacle aux réactions des Jacobins contre le modérantisme, et du royalisme contre les républicains; le fait est constant. Le sang ruisselle à Lyon, à Marseille, à Nîmes, à Toulouse et sur tous les confins de sa division, où les vengeances, même en faveur des patriotes, reculent devant lui; c'est pis qu'un indifférent, c'est un ennemi public! Quelque temps avant leur chute, Carnot et Barthélemy le proposaient pour ministre; ils l'estimaient donc? Ils le voulaient!... c'est un complice, il faut qu'il tombe. Voilà la logique et l'équité des révolutions.

Moncey ne se défend pas de l'estime des proscrits; il la doit à ses victoires. Il ose dire aux dictateurs qui règnent par la violence, lui, le représentant naturel de la force : « Je ne suis pas un « homme de parti; je suis l'*homme des lois* et de « la constitution. » Les factieux ont accusé son civisme; il répond ces nobles paroles : « L'armée « des Pyrénées-Occidentales m'a reçu simple capi-

_______

(1) Journée du 18 fructidor an v.

« taine; elle m'a fait monter par tous les. grades,
« toujours sur le champ de bataille. Par un bon-
« heur qui passait mon espérance, je suis devenu
« général en chef; j'ai vaincu, et ma fortune a
« égalé mon amour pour la patrie. »

Ces justifications suffisent pour confirmer sa
disgrâce (M). Les plus nobles témoignages des députations réunies de tous les départements qu'il
a commandés, militent en vain pour lui (N) : c'est
seulement à la veille de la révolution du 18 brumaire, et lorsque la patrie est en danger, qu'on
le rappelle (1) enfin sous les drapeaux qu'il a
couronnés de lauriers.

Le Directoire expulsé, la constitution changée,
le premier consul s'empresse à faire pardonner,
je dirais presque à faire bénir son avénement au
pouvoir, par la félicité publique. Nos enfants au-
ront peine à comprendre par quelle magie l'autorité consulaire, issue d'un coup d'État coupable,
sut calmer tout à coup l'animosité des factions,
apaiser les discordes civiles, rouvrir les sources
taries de toutes les prospérités, et, sur les débris
de l'anarchie, élever un ordre social que l'univers
eût envié, si l'ambition, jaillie de ce triomphe
même, n'eût entraîné le génie qui produisait ces
miracles à renverser son plus bel ouvrage : et dans
quel but? Pour essayer la perpétuité d'un empire
qui devait durer moins que lui !

Un des secrets du consulat, secret chéri des
grands hommes et qui fait peur aux médiocres,

---

(1) Son rappel est contro-signé *Sieyès*, le directeur.

fut de placer chaque mérite dans la position la plus propice au service de l'État. Aussitôt furent mis en évidence un nombre surprenant de talents et de caractères que le Directoire avait méconnus ou détestés, par ignorance, ou peur, ou jalousie : ce qui fit soudain la force et la splendeur du nouveau gouvernement.

Le premier consul, de son regard d'aigle, voit et juge Moncey; le fait sien; le destine tour à tour aux grands commandements de Bordeaux et de Nantes; et lui confie le commandement plus difficile encore de Lyon, que les factions ont fait mettre en état de siége, et qu'il veut s'attacher pour jamais.

O! combien, dans cette ville qui sort à peine de ses cendres, combien les habitants sont profondément émus, et quelle douce espérance vient s'emparer de leurs cœurs, lorsque l'esprit d'un gouvernement réparateur est révélé par un guerrier dont tous les vœux sont d'éteindre, en autrui, des ressentiments que ne peut éprouver son âme !

« Respirez enfin, Lyonnais, vous, leur dit-il, qui avez acheté si chèrement le droit d'être heureux. Confondons nos haines dans l'amour de la patrie. Abjurons tout désir de vengeance. C'est dans la conscience des pervers que nous trouverons des vengeurs...

« Si le langage de la paix ne vous déplaît pas dans la bouche d'un soldat; si vous ne voulez voir, dans les fonctions que j'exerce, qu'une mission paternelle, Lyonnais, ouvrez vos bras et vos cœurs aux hommes égarés. Une cruelle expérience vous dit combien sont funestes les suites des ressentiments. Élevons un autel à la concorde; rallions-nous de bonne foi au gouvernement consulaire; et que cette fraternité (1), écrite jusqu'ici seulement sur nos murs, soit enfin gravée dans nos cœurs. »

J'admirerais ce langage, s'il m'était donné comme l'éloquence d'un Vincent de Paul ou d'un Fénelon, obéissant au devoir de leur ministère, pour apporter la consolation et la paix, au milieu d'un peuple qu'a décimé la guerre civile et religieuse. Mais, dans la bouche d'un guerrier, qui vient accomplir ses fonctions de guerre, l'humanité qui commande, en priant, avec de si nobles accents, inspire à mon âme attendrie une admiration cent fois plus grande.

Les travaux de la guerre vont bientôt remplacer ces nobles sollicitudes pour la paix intérieure. La prospérité, la grandeur du consulat alarment l'Europe. L'Autriche, mal conseillée par son orgueil, ses passions et l'Angleterre, l'Autriche repousse nos offres d'alliance. Aussitôt le premier consul forme deux grandes armées : Moreau commandera l'une et pénétrera dans le cœur de l'Allemagne; lui-même commandera l'autre, et renouvellera les prodiges d'Annibal, en traversant les plus hautes Alpes.

Entre ces deux forces principales, les troupes

---

(1) Tous les murs des monuments publics portaient alors cette inscription sanguinaire : Liberté, égalité, *fraternité ou la mort.*

françaises réunies en Helvétie sont confiées à Moncey, qui franchit la même chaîne de montagnes, par la voie du Saint-Gothard, en surmontant des obstacles qu'une politique nouvelle laisse déjà dans le demi-jour, afin que le passage du Saint-Bernard semble seul un miracle. Moncey s'empare de Bellinzone et de Plaisance, établit à Milan son quartier général, peu de jours avant la victoire de Marengo, et de là commande à toute la Lombardie, au beau pays qui va renaître sous le nom trop passager de république Cisalpine.

Tous ces hauts faits accomplis avec une rapidité qui tient du prodige, le premier consul, empressé de reprendre les rênes de l'État au sein de la capitale, laisse l'Italie à ses lieutenants; il part. Chemin faisant, il veut sanctionner les éloquentes promesses de Moncey. Les mains qui viennent de foudroyer nos ennemis dans les plaines du Piémont, replacent à Lyon la première pierre d'un monument de paix : la magnifique enceinte de Bellecour, jadis érigée non loin du temple d'Auguste, en l'honneur de Louis XIV, et démolie dans le sang par les révolutionnaires. Il accourt ensuite à Paris pour recevoir, dans la journée du 14 juillet, les drapeaux que nos armes viennent de conquérir depuis les rives du Pô jusqu'aux rives du Danube.

Au milieu de ces splendeurs, qu'il me soit permis de signaler un dernier vestige des vertus républicaines, qui vont bientôt disparaître.

Moncey, commandant supérieur de la plus fertile région qu'offre l'opulente Italie, ne change rien à ses mœurs non plus qu'à sa fortune; il demande au premier consul, pour unique récompense, et, si j'osais parler ainsi, pour unique prix de ses victoires et de son intégrité, que l'État lui restitue le simple supplément de sa solde d'activité, supprimée pendant dix-huit mois; afin, écrit-il, de pouvoir payer les dettes qu'il a contractées en défendant sa patrie.

Le général victorieux qui présentait une requête si modeste, veut-on savoir comment il agissait dans la conquête confiée, c'étaient les termes du premier consul, à sa sévère probité (1)? Il trouvait toujours que les subsides exigés d'un pays délivré par nos armes grevaient trop le peuple; il réduisait au strict nécessaire les prestations et les allocations de tous genres accordées aux états-majors, et supprimait la part réservée d'habitude au général en chef, pour augmenter par ces épargnes le bien-être du soldat. Sans pitié contre les malversations des entrepreneurs, contre les exactions des administrateurs, il voulait que la justice et la loi régnassent à l'ombre de l'armée française, et pour nos militaires, et pour les citoyens de la Cisalpine, auxquels il rappelait les vertus des plus beaux temps de l'antique Italie.

Une courte campagne d'hiver permet à Moncey de remporter un brillant avantage à Roveredo.

---

(1) Le général Bonaparte écrivait à Moncey : C'est surtout votre sévère probité que je regarde comme nécessaire en Cisalpine.

Bientôt la paix de Lunéville consolide les établissements formés par les Français, et qui semblent aux Italiens si pleins d'un brillant avenir.

Lorsqu'arrive le premier anniversaire de la victoire qui donnait la paix et promettait l'indépendance à l'Italie septentrionale, les Cisalpins, en signe de reconnaissance pour de si grands bienfaits, posent les fondements d'un arc de triomphe à l'entrée de Milan, sur la voie qui conduit à Marengo. Les troupes françaises, entourées d'un peuple immense, sont rangées sur la place où s'élèvera le monument, et le général en chef Moncey fait entendre ces nobles paroles :

« Soldats français, la guerre a signalé votre valeur héroïque; mais la paix aussi a son héroïsme. Respect de soi-même et des droits de tous, persévérance dans la discipline; cacher pour ainsi dire sous un maintien pacifique l'attitude guerrière, voilà ce qu'attendent de nous nos alliés, nos amis; voilà l'exemple qu'il vous appartient de donner à leurs forces nationales. Voilà le complément du courage et des vertus militaires; et voilà ce que je suis fier de promettre en votre nom, mes chers compagnons d'armes, à la république Cisalpine.

« Citoyens cisalpins! n'est-il pas vrai que l'armée française a des droits multipliés à votre estime? N'est-il pas vrai que ses vertus égalent sa valeur, et que lorsqu'elle est transformée en force protectrice, vous lui devez dans vos cœurs des trophées bien différents de ceux qu'abat la faux du temps? Que votre sagesse lui procure le repos

dont il lui serait permis de jouir sur sa terre natale. Faites qu'elle se félicite d'assister au grand
spectacle de votre régénération politique; qu'elle
n'éprouve pas d'autre privation, dans une patrie
de frères, que la privation momentanée de sa patrie primitive. Urbanité, politesse, amitié loyale
entre les Français et les Cisalpins, les Cisalpins et
les Français : rendons-nous mutuellement heureux, et ne formons qu'un même vœu pour les
deux républiques, leurs braves défenseurs et le
premier consul. »

Dix jours après cet anniversaire, un arrêté consulaire retirait à Moncey le commandement des
forces de la Cisalpine, pour le donner à l'un des
beaux-frères de celui qui méditait déjà la fortune
prodigieuse des membres de sa famille.

Une intrigue d'Italiens, offensés d'une probité
que rien ne pouvait corrompre (O), avait amené ce
changement que le peuple et l'armée déplorèrent,
que Moncey subit avec dignité, sans jactance et
sans faiblesse; ce qui lui donna plus de droits encore à l'affection, à l'estime, aux réparations du
chef de l'État.

En récompense il est nommé premier inspec-
teur-général de la gendarmerie française. Ses
vues élevées et pures rendent plus éminente encore une si haute position, créée pour lui. Ce
corps devient sous ses auspices, une magistrature
armée, qui protége et qui veille pour l'État, le
peuple et les lois; une force à la fois militaire et
morale, unissant à la discipline du soldat, la modé-
ration du fonctionnaire, et les vertus du citoyen.

Pour seconder sa pensée et préparer un code à l'arme qu'il dirige, il charge un jurisconsulte savant, intègre, austère (1), de reviser les instructions, les ordres et les rapports d'un intérêt supérieur, afin que rien, dans son inspection générale, ne sorte du cercle tracé par les lois.

En jugeant avec impartialité les actes de Moncey dans ces nouvelles fonctions, et dans ses trois commandements à Lyon, à Milan, à Bordeaux, nous croirons écrit pour ses vertus l'éloge que Tacite a fait du caractère déployé par Agricola dans le dernier de ces commandements, celui de l'Aquitaine (2). « L'opinion générale, dit le grand historien, n'accorde pas aux militaires ce génie subtil et délié qu'exercent les débats du forum ; parce que la justice des camps, dédaignant la finesse,

-------

(1) Cet homme de bien et de cœur était mon père, membre successif de l'Assemblée législative, du Conseil des Anciens, et du Corps législatif, aujourd'hui conseiller d'État en service extraordinaire.

(2) Credunt plerique militaribus ingeniis subtilitatem deesse, quia castrensis juridictio secura et obtusior, ac plura manu agens, calliditatem fori non exerceat. Agricola naturali prudentia, quamvis inter togatos, facile justeque agebat. Jam vero tempora curarum remissionumque divisa : ubi conventus ac judicia poscerent, gravis, intentus, severus, et sæpius misericors : ubi officio satisfactum, nulla ultra potestatis persona : tristitiam, et arrogantiam, et avaritiam exsuerat : nec illi quod est rarissimum, aut facilitas auctoritatem, aut severitas amorem deminuit. Integritatem atque abstinentiam in tanto viro referre, injuria virtutum fuerit. Ne famam quidem, cui boni sæpe indulgent, ostentanda virtute, aut per artem quæsivit. (AGRICOLA.)

fait presque tout avec la force. Mais Agricola, par sa prudence naturelle, dans ses rapports avec les citoyens, savait unir à l'équité la bienveillance. Les affaires le trouvaient attentif, grave, sévère, et plus souvent miséricordieux. Son devoir accompli, le grand dignitaire effaçait de sa personne jusqu'aux dehors du commandement. En lui, rien d'arrogant, et surtout jamais rien d'intéressé. Par l'alliance la plus rare, l'autorité ne perdait rien s'il était affable, ni l'affection s'il était austère. L'intégrité, la tempérance, remarquées chez un tel homme, feraient injure à ses vertus supérieures. La renommée même, que trop souvent les bons courtisent, par ostentation du bien, il ne l'a cherchée par aucun art. » Ces éloges, que la vérité dictait au plus sévère des historiens, combien de fois, loin de l'illustre Maréchal dont nous esquissons la vie, combien de fois, autour du foyer paternel, nous les redisait l'ancien jurisconsulte, confident de ses travaux, l'homme qui l'a le plus aimé, le plus révéré, lorsqu'il voulait présenter à nos jeunes cœurs, de vivants et nobles modèles, comparables aux plus beaux exemples de l'antiquité !

Tant de vertus et de services méritaient toutes les distinctions qu'allait inventer le génie du Premier Consul, afin de préparer et de réaliser l'Empire. La Légion d'honneur à peine instituée, Moncey, grand-officier, bientôt grand-aigle, sera l'un des premiers commandants des seize cohortes qui composeront cette puissante institution. Avant Austerlitz et le couronnement, celui qui va prendro un nom dynastique, Napoléon, convoque au temple de Mars, c'était le temple des Invalides, l'élite des gloires nationales. Dans cet appel, les vainqueurs de l'Europe viennent tour à tour, au nom de leurs conquêtes, recevoir le signe de l'honneur; l'Espagne et l'Italie présentent Moncey. La Providence réserve à la génération qui naît alors, le spectacle d'un autre appel, au même endroit redevenu, sous l'invocation de la foi chrétienne, le temple du Dieu qui survit aux armées. Là, les vétérans français, ayant à leur tête le vétéran des Pyrénées et d'Italie, recevront, pour la rendre à la terre, la dépouille du proscrit aux pieds de qui s'étaient courbés les rois.

Des maréchaux vont être donnés à l'Empire : Moncey sera l'un des premiers. Une noblesse est constituée : il sera duc de Conégliano, pour rappeler des exploits accomplis à dater du premier consul, les seuls qui comptent désormais. Napoléon ajoute à ce titre des armes parlantes, symboles de force, de zèle et de gloire. Une épée nue, debout, à côté d'une palme; pour indiquer à la fois la main toujours prête à combattre, et la victoire toujours fidèle à cette épée.

Des citoyens, autant qu'on pouvait l'être alors, usant du dernier débris de leurs droits, rendent hommage au guerrier que le distributeur puissant comblait ainsi de grandeurs. Les électeurs du Doubs et ceux des Basses-Pyrénées choisissent pour candidat au Sénat conservateur le général qui, douze années auparavant, illustrait et sauvait nos frontières. Mais, à cette époque, l'entrée du Sénat rendait impossible des services actifs que Moncey devait prodiguer encore, et dont Napoléon ne voulait pas priver la France.

En 1807, le Maréchal conduit des premiers, en Espagne, un corps d'armée, organisé sous le titre de corps d'observation des côtes de l'Océan (P). Une révolte éclate dans Madrid ; son humanité se multiplie pour arrêter l'effusion de sang. Il fait sur Valence une marche qu'admirent les gens de l'art, et qu'illustrent six combats. Lorsque ensuite il rejoint le gros des forces françaises, ses malades, ses blessés tombent en des mains implacables alors. « Nous sommes soldats de Moncey, s'écrient-ils ! » et le nom du sauveur de tant d'Espagnols, les sauve eux-mêmes du massacre. Parmi toutes les victoires qu'il a remportées, celle-ci touche le plus son cœur.

Quelques mois plus tard, rappelé par l'Empereur, et traversant, presque sans escorte, les défilés si dangereux du Guadarrama, lui-même tombera dans les mains des Guérillas espagnoles. Loin qu'il ait à redouter leurs mauvais traitements, à son aspect leur soif de vengeance sera conjurée par l'enchantement de sa vertu : la reconnaissance et l'enthousiasme remplaceront par une fête, et je dirais presque par une marche triomphale, à travers les montagnes, toute idée de captivité. Les enfants de l'Ibérie, heureux de pouvoir enfin payer les dettes de leur patrie au sage, au vaillant, au vertueux Scipion de l'Espagne moderne, accorderont au Maréchal sauvegarde complète jusqu'au delà des Pyrénées.

Ce n'est pas seulement l'histoire des chefs, mais l'histoire de l'armée comme un grand être vivant, qu'il faut écrire pour intéresser les soldats et les citoyens.

Quel changement immense est produit sous nos drapeaux depuis la première époque où les couleurs nationales descendaient du haut des Pyrénées pour triompher de l'Espagne! Que reste-t-il des sept cent mille combattants premiers défenseurs de la révolution? La victoire, à force de se multiplier; quelques campagnes malheureuses; le dénûment, la faim, les épidémies, les climats meurtriers, tout ce qui peut détruire les hommes, s'est réuni pour moissonner à coups redoublés la grande génération de la liberté. L'Égypte a décimé ses conquérants; Saint-Domingue a dévoré l'élite de l'armée du Rhin; les vétérans d'Italie ont formé le noyau de la garde de l'empereur. Ne cherchons plus l'armée de la république, simple et pauvre, sans autre titre pour ses chefs que celui de défenseurs de la patrie, sans autres décorations qu'au fond des cœurs la vivante image des victoires collectives et le souvenir des faits d'armes personnels. Les grands dignitaires, les grands feudataires de l'empire, toute la hiérarchie d'une féodalité posée sur les bases de la victoire, voilà les chefs : ils ont leur cour même au camp. L'or apparaît sur les uniformes, l'aigle décore les poitrines; et la pourpre des grands cordons a remplacé l'écharpe tricolore : dans tous les rangs, l'amour de l'égalité, le besoin de la liberté font place à des passions moins populaires.

Ainsi s'étaient métamorphosées par dix ans de victoires ces invincibles légions, soldats de Rome en partant d'Italie pour dompter la Gaule, soldats d'un homme après avoir conquis sous lui la renommée. Mais aussi quels immenses véhicules ont jamais agi sur une génération sous les armes, pour la gagner par tout ce qui peut asservir les cœurs? La célébrité, la fortune, le rang, les honneurs, les dotations, les titres, la domination, la grandeur, les conquêtes, l'immensité de toutes les tentations renfermées sous le nom de gloire, voilà les stimulants d'une vaillance qui, nourrie par les souvenirs successifs d'Ulm et d'Austerlitz, d'Auerstedt et d'Iéna, d'Eylau et de Friedland, semble s'élever au-dessus des forces humaines, pour obéir plus puissamment au génie de Napoléon.

L'élite de nos troupes, animée de cet esprit irrésistible, va recevoir l'organisation formidable que l'empereur a résolue pour la grande armée d'Espagne. Six maréchaux, Moncey compris, et deux lieutenants-généraux en commandent les huit corps; des ducs, des princes, des rois en forment l'état-major, et l'homme du siècle en est l'âme.

Si vous voulez voir combien vite les grandeurs de la terre s'évanouissent, au moindre souffle de la Providence, contemplez les chefs de cette magnifique armée, la plupart illustrés si jeunes et qui devaient, en apparence, jouir si longtemps de leur splendeur! Bessières et Lannes, morts les premiers, tous deux sur le champ de bataille, sont les seuls dont le sort ne laisse rien à désirer, pour leur bonheur à sortir si bien et si tôt de la vie. Augereau, Davoust, Masséna, Suchet, Saint-Cyr, Jourdan, Victor achèvent au sein de la cité, leur carrière abrégée par d'immenses fatigues. Avant eux tous, Berthier périt par accident; Junot, par une fièvre délirante; Murat expie sa royauté par le supplice; Ney, le brave des braves, malgré les conventions invoquées, n'évite pas le même sort; un autre chef, qu'ont respecté trente ans les boulets de l'ennemi, Mortier succombe, au milieu d'une fête, sous des coups pointés contre toute une dynastie; Napoléon, après avoir conduit la victoire en Europe, en Afrique, en Asie, échappe aux assassinats, mais prisonnier, mais exilé par la peur que son nom fait à tout un monde, et ne retrouvant la patrie que sur le pavois d'un cercueil : enfin Moncey, le Nestor de tous ces héros, après avoir, laissez-moi parler son langage, bordé la haie et présenté les armes à cet immortel cortége, prend à son tour le pas qui mène à la tombe, et répond *à l'appel d'en haut*, que signalait naguère un des grands capitaines qui restent encore en si petit nombre, tout prêts eux-mêmes à répondre!

Pour trouver une pareille réunion d'illustres contemporains, devenus, en pareil nombre d'années, l'exemple de destructions déplorables et violentes, il faut remonter, à travers les siècles, jusqu'aux lieutenants de César, jusqu'aux successeurs d'Alexandre.....

Reprenons la marche du temps. Deux mois dans la plus rude saison, suffisent à l'armée de l'Empire, pour gagner trois grandes batailles, franchir des chaînes de montagnes impraticables en hiver, et forcer l'armée anglaise, si fière de sa bravoure, à se sauver sur ses vaisseaux. Le duc de Conégliano, commandant du troisième corps, a pris sa part de ces triomphes. Il a, pour dernier fait d'armes, poursuivi jusqu'à Saragosse une armée espagnole ; il veut l'assiéger tout entière ; il la refoule dans la nouvelle Sagonte, après l'avoir expulsée du Mont-Torréro, position dominante et décisive. Montébello terminera cette noble entreprise : avançons toujours.

Peu de mois après son retour à Paris, le maréchal Moncey reçoit un commandement d'une haute importance. L'Autriche, excitée par le spectacle de la résistance espagnole, ose de nouveau nous déclarer la guerre. Napoléon, avec la rapidité de l'aigle, arrive à Vienne avant que nos ennemis aient pu franchir le Danube pour défendre leur capitale. Tandis que la fortune reste un moment incertaine entre les journées d'Essling et de Wagram, l'Angleterre a menacé le nord de la France. Aussitôt on improvise l'armée des côtes de Flandre, que le duc de Conégliano compose avec les garnisons circonvoisines, les dépôts des troupes régulières, et les nombreux bataillons des gardes nationales. La seule attitude de ces forces, confiées au duc de Conégliano (1), et l'insuccès du

---

(1) Arrêté du 1er septembre 1809. Latour-Maubourg et Lamarque commandaient dans cette armée les deux divisions des gardes nationales.

siége de Walcheren, font échouer l'expédition britannique.

Après l'immortelle campagne d'Essling et de Wagram, l'Autriche, abattue par quatre guerres de plus en plus fatales à sa puissance, avait fini par s'estimer heureuse et fière qu'on la préférât à la Russie, pour recevoir d'elle, comme épouse du parvenu couronné par la victoire, la fille de ses empereurs. Napoléon régnait sur des États plus vastes alors que ceux de Charlemagne. Il régissait des peuples puissants par la civilisation, au lieu des nations barbares que le héros du moyen âge avait courbées sous le joug. Une république et huit rois étaient ses feudataires; la France, doublée de grandeur par leur cercle vassal, s'étendait du département des Bouches-du-Tibre, au département des Bouches-de-l'Èbre. Sur le contour d'immenses frontières, les bornes posées par le dieu Terme de l'Empire étaient plantées sur des champs de bataille, où le nom de la France était gravé par des victoires immortelles. La Prusse assujettie, la Russie récemment vaincue, le Danemark toujours fidèle, la Suède même et la Turquie étaient encore avec nous dans les termes de l'alliance; et l'Angleterre sortait à peine du réduit défensif qu'elle s'était ménagé derrière le Tage, à l'ombre des lignes de Torres-Vedras. Tel était l'état de l'univers à l'époque du 20 mars 1811, où naquit roi l'enfant qui devait posséder ce prodigieux héritage. Sur les fonts de baptême de Notre-Dame, où fut présenté Louis XIV, issu d'une autre princesse autrichienne, le duc de

Conégliano tiendra cet enfant avec une descendante des Letellier et des Louvois, les ministres du grand roi. Par ce double choix, Napoléon s'efforçait d'allier, suivant une politique trop frivolement blâmée, les illustrations et les espérances de son époque, aux illustrations, aux souvenirs de l'antique monarchie.

Quels sentiments alors animaient aux pieds des autels, non-seulement les conviés de cette auguste cérémonie, mais cinquante millions d'hommes qui s'assemblaient dans les temples pour élever vers le ciel les actions de grâces qu'ils rendaient au dieu de la paix! La paix, tout semble la promettre au monde. Un mortel ne saurait aspirer à plus d'États, à plus de puissance; le voilà père, sa dynastie est assurée : il ne lui reste qu'à jouir de la fortune la plus grande que, par l'enchaînement de ses miracles, la Providence ait accomplie pour élever un édifice surhumain. Voilà l'espérance, voilà le vœu, je dirais presque voilà la foi de l'empire.

Eh bien! ce moment est marqué par le dispensateur des prospérités d'ici-bas, pour commencer un ébranlement qui mènera de précipice en précipe le joueur d'États, qui veut encore une fois risquer la fortune et compter sur sa destinée, qui l'aveugle.

Déjà j'entends sonner l'heure marquée pour la chute d'un grand empire. Trois armées immenses, mourant tour à tour, ont conduit ses funérailles en Russie, en Allemagne, en France. Dans la dernière journée du long sacrifice, Moncey marche à la tête des gardes nationales, et combat pour Paris. Lorsque les défenseurs manquent enfin à la Capitale, qui se rend, le dévouement de Moncey voit sa place à Fontainebleau ; il y vole. Il reprend, comme aux plus beaux jours d'un grand règne, l'inspection vigilante, impassible et calme de la gendarmerie, pour continuer une fidélité qui dure plus que l'Empire. Il ne cessera qu'à la prière, au commandement de Napoléon même.

Voici 1815 et ses tristes fragilités ; et les réactions, ce fléau des régimes qui ne fondent pas pour durer ! Sur le trône où Louis le Grand dut sa gloire et ses conquêtes à Turenne, à Luxembourg, à Condé, préservés du jugement et du supplice après la guerre civile, un Prince, dont je ne veux parler qu'avec respect puisqu'il est l'auteur de la Charte, a le malheur de ne pas suivre cet exemple si cher à tous les cœurs généreux, et de laisser la clémence plier sous la tempête des partis. La Restauration invoque, en dehors de la loi fondamentale, une juridiction militaire et républicaine, que les lois de la monarchie ne permettent pas d'appliquer aux grands officiers de la Couronne, aux Maréchaux, aux Pairs. Sous cette forme serait atteinte une des hautes renommées militaires pour lesquelles une immense infortune fait redoubler les sympathies nationales. L'opposition courageuse d'un guerrier citoyen suffira pour anéantir cette jurisprudence, et restituer à la Charte son empire.

Sommé de présider le tribunal exceptionnel exhumé de Vincennes, Moncey refuse. Menacé, toujours en invoquant *la loi républicaine*, de perdre son rang monarchique de Maréchal, rang inamovible depuis François Ier, son âme lui révèle qu'après la gloire d'avoir obtenu, par le plus fameux guerrier des temps modernes, la plus éminente dignité militaire, une autre gloire l'attend, plus haute encore, et surtout plus rare : c'est de perdre, à la fois, le maréchalat et la liberté, pour obéir à l'ordre de sa conscience (Q).

Le château de Ham doit être sa prison; il y court. Un commandant prussien l'occupe avec sa troupe. Le Maréchal veut-il accepter de l'étranger un logement d'honneur? le château sera son palais.... Il veut la prison pour subir sa peine; le Prussien déclare que son Roi n'est le geôlier de personne en France, et que sa mission ne peut servir à des vindictes de guerre civile.

Moncey ne se tient pas pour libéré; repoussé glorieusement du château, il loue à ses frais la maison la plus voisine, en fait sa prison d'État, et s'y constitue trois mois prisonnier. Pendant ces trois mois, la garnison de l'étranger révérant à la fois un si grand exemple d'obéissance militaire et d'honneur sans tache, envoie chaque soir la musique de ses troupes, saluer de ses fanfares, en signe d'admiration, le prisonnier volontaire.

Et, maintenant, figurez-vous le peuple de Ham, où des citoyens tels que Foy prennent naissance, voyez ce peuple applaudissant au sublime spectacle de l'étranger vaincu dans le sein de sa victoire, par la supériorité de vertus si françaises, et rendant de pareils hommages à l'un des héros par qui l'Europe avait été, les armes à la main, battue tant de fois ! .

Les passions attiédies, la Restauration reconnaît que Moncey n'a pas cessé d'être Maréchal. Trois ans après elle lui rouvre les portes de cette enceinte, dans la grande promotion qui procura, qui procure encore tant de gloire à la Pairie.

A peine a-t-il recouvré ses dignités, rehaussées par plus d'estime et de juste célébrité, la fortune l'atteint par un de ces coups qui font sentir le néant de tous les rêves de bonheur ici-bas. Le Maréchal possédait un fils, un seul fils, distingué déjà par de beaux faits d'armes; remarqué, dès le début, par celui dont un coup d'œil devinait une destinée; avancé, décoré sur le champ de bataille; parvenu, par son mérite, au grade de colonel, qui conduit si vite aux grands commandements les officiers de talent et de courage : eh bien ! ce brillant militaire, qui réalisait de si douces espérances, qui justifiait si noblement l'extrême tendresse d'un père, au milieu des plaisirs qu'aiment surtout les gens de guerre, pour s'endurcir aux fatigues, un funeste accident fait partir une arme à feu, qui le tue....

La France entière, il y a peu de mois, a retenti d'une douleur que le peuple partage avec le cœur des Rois et des Reines, en voyant la fatalité frapper, sur un chemin sans obstacle, un fils, espoir du Trône, orgueil de la Patrie. Chacun de nous a ressenti, comme pour lui-même, quelle inconsolable désolation excite, dans les âmes les plus énergiques, une perte dont la grandeur se fait sentir chaque jour davantage autour du foyer domestique, même sous le toit d'un palais! Ce n'est plus seulement à la mère qu'on peut appliquer ces éloquentes paroles sorties du cœur d'une autre mère : « Le temps, qui est si bon aux autres, « augmente et augmentera sa douleur. » Ce sentiment a poursuivi le Maréchal jusqu'au cercueil; et la pensée d'un petit-fils, qui remplacera dignement son fils, n'a pas affaibli son affliction.

Cette affliction, du moins, sera suspendue par une occasion sublime. La Restauration a grandi Moncey par des sévices endurés avec magnanimité; elle a plus fait, elle a pris foi dans celui qu'elle a vu supporter dignement ses coups. Le généreux Maréchal la remercie, pour ce double honneur, en conquérant la Catalogne avec la jeune armée française, régénérée par le patriotisme et le génie de Gouvion-Saint-Cyr.

O royautés aveugles! qui vous croyez immortelles quand déjà vos jours sont comptés, vous traversez la lumière et vous n'apercevez pas les conditions de votre durée.... Un régime récompensé si noblement d'avoir eu confiance au bon citoyen sorti de ses prisons iniques, ce régime vivrait encore s'il avait soupçonné que la nation, tout entière, était également sensible à la confiance, à l'honneur, à la liberté....

Mais n'anticipons pas sur l'ordre des temps. Au commencement de 1823, combien de passions, de préjugés, de craintes et d'espérances enflammaient les cœurs et redoublaient l'ardeur des partis, à la seule pensée de la guerre que la

Restauration française apprêtait contre la révolution, parlons plus juste, contre l'insurrection militaire de l'Espagne, où, par une alliance insensée, on appliquait à la royauté vivante et présente, les cortès de 1812, organisées loin d'un roi, pour lutter et gouverner sans roi. Qu'il me soit permis de rappeler à la Chambre des Pairs, comme un de ses beaux titres de gloire, la séance à jamais mémorable où dans son sein fut discutée cette immense question. Parmi les membres que leur santé chancelante pouvait seule obliger à n'y pas venir prendre part, remarquons un vieillard bientôt septuagénaire; c'est Moncey, qui retrouvera soudain l'oubli de son âge et de ses souffrances, aussitôt qu'il faudra, pour célébrer *sa cinquante-quatrième année de service*, conduire encore une armée à la victoire.

L'invasion de l'Espagne épouvantait les plus sages; elle souriait aux plus passionnés : elle a déçu tout le monde, et trompé ceux qui la voulaient non moins que ceux qui la craignaient. Chacun sentait que l'entreprise une fois commencée, le succès ou l'insuccès devenait pour les Bourbons une question d'existence. Le danger détourna la brigue, et fit qu'on crut la renommée dans le choix des généraux. Moncey fut choisi, sans doute pour sa renommée militaire; il le fut avant tout pour ses qualités morales, pour les souvenirs, la sympathie, la vénération qu'elles avaient laissés dans les Espagnes.

Dans ce même pays, lorsque le jeune Scipion vint remplacer son père et son oncle à peine ensevelis, avec deux armées, sous une terre qui dévore les conquérants implacables, il ne se montra pas seulement grand homme de guerre ; il fit paraître des vertus si chères à l'humanité qu'elles gagnèrent tous les cœurs ; le soldat suivit son exemple ; et des peuples qu'on n'avait pas pu tenir subjugués par la terreur, séduits par des voies opposées, devinrent des amis fidèles.

Ce fut un noble souvenir de ce triomphe, qui, près d'un roi familier avec les beaux écrits de l'antiquité, recommanda le Maréchal. Le monarque, en donnant au capitaine son audience de départ, lui dit avec autant de grâce que de sagesse : M. le duc de Conégliano, pour me gagner les Espagnols, laissez votre titre d'Italie ; portez-leur le nom sous lequel ils ont commencé de vous aimer : qu'ils ne voient en vous que Moncey !

Disons maintenant que le Maréchal, en se montrant semblable à lui-même, fut secondé merveilleusement, ce qu'alors on ne pouvait croire, par le caractère de son armée jeune et novice.

Nous demandions, il y a quelques moments, ce qu'étaient devenues les innombrables armées de la République ; et maintenant il faut nous demander qu'est devenue l'armée si glorieuse de l'Empire, que les nations admiraient ? Licencié derrière la Loire, ce qui survivait encore de soldats héroïques, parmi les vétérans des grandes campagnes heureuses, ou parmi les conscrits récents de Champ-Aubert, de Montmirail et de

Waterloo, dès 1815 tout était rentré dans la vie privée. Pendant sept années de paix générale, les nouvelles recrues n'ont pas eu la réalité d'un combat, ni le simulacre d'un camp de manœuvres : leurs drapeaux blancs sont vierges encore, et les pères mêmes des nouveaux militaires sont trop jeunes pour avoir vu les couleurs de l'ancien régime déployées dans une victoire.

Le croira-t-on ? la fortune de la France a triomphé de ces difficultés. Rendons hommage au génie militaire et patriotique d'un illustre maréchal; je dis mieux, d'un illustre citoyen : Gouvion Saint-Cyr a posé, d'une main ferme, les bases d'une armée qu'il a su rendre puissante, par l'esprit constitutionnel et par la vitalité des institutions empreintes de cet esprit. Le service militaire a conquis des droits désormais écrits dans la loi; l'ancienneté reçoit pour l'avancement une part qui balancera la faveur et le privilége; la conscription, sauvée sous le nom de recrutement, fait que l'armée, quelque forme qu'on lui donne, à quelque chef qu'on la soumette, ne peut pas cesser d'être nationale; l'activité, la réserve, habilement combinées, concilient l'expérience du service avec la vie de la cité. Au lieu de la valeur superbe des hommes d'armes, dans un gouvernement despotique et conquérant, voici venir la fierté simple, la dignité calme et réfléchie des soldats d'un peuple qui, sous l'égide de la Charte, renaît à la liberté. Sortis eux-mêmes du peuple, par l'égalité du sort, pour rentrer de droit dans le peuple, ou marcher de droit à l'avancement, la patrie leur révèle qu'ils sont avant tout citoyens. Assise sur de semblables fondements, qu'achèvera de consolider et de perfectionner la révolution de 1830, si la nouvelle armée ressent alors la privation des couleurs qui, pendant vingt ans de prodiges, avaient été l'idole des Français, elle n'en éprouve que plus le besoin d'une illustration qui date d'elle et lui soit propre : elle va l'obtenir.

En vain, pour l'entraîner à la trahison, des émigrés d'une autre génération présentent à nos jeunes soldats les trois couleurs patriotiques, surmontées d'une aigle indignée qu'on la tourne du côté des ennemis ; c'est faire en 1823 le même oubli du cœur humain qu'en 1792 et 1793 : *Le drapeau le plus glorieux n'a de prestige, aux yeux d'une armée nationale, que déployé du côté de la patrie.*

Non, ce n'était pas une médiocre entreprise et dont le résultat dût procurer à ses chefs peu de gloire, qu'une invasion impossible aux yeux des plus profonds politiques ; ce n'était pas une médiocre entreprise que la conquête de l'Espagne révolutionnairement réorganisée par la force militaire : surtout après les grands et terribles souvenirs de l'Espagne anarchique et déchirée, résistant par six années de combats aux forces de Napoléon. Sans doute, en 1823, le peuple espagnol, décevant l'espoir de ses amis extérieurs, paraît s'abandonner lui-même ; il déserte sa propre cause, il prend parti pour qui ? pour le soldat français. Mais par quelle raison puissante ? Parce que nos soldats se montrent les premiers à respecter l'habitant, sa famille, ses mœurs, sa foi, ses temples et ses biens. Ce seul respect, si nouveau dans la Péninsule, est par lui-même une conquête, obtenue sur le vainqueur, et qu'avaient préparée, je le répète, nos institutions régénérées.

Afin d'agir dans l'esprit de ces institutions, le duc de Conégliano n'eut qu'à continuer la pratique des vertus que toujours il avait déployées en conduisant nos soldats à la victoire. C'est ce qui fit, après des combats glorieux, rendre les armes avec confiance, par les soldats de Mina, les guérillas catalans, et les citoyens de Barcelone, entre les mains de Moncey.

De retour au sein de la France, le doyen des maréchaux tint, au sacre d'un nouveau roi, l'épée nue de connétable, lorsqu'un serment fut prêté, qui ne dura que cinq années!...

Étranger aux factions, il resta toujours citoyen; uni de cœur aux défenseurs des libertés nationales, et dans les colléges électoraux, et dans la Chambre des Pairs; sans s'inquiéter des efforts suscités par le génie des réactions.

La Restauration succombe à son labeur de Sisyphe, écrasée sous le rocher populaire qu'elle s'obstine incessamment à soulever. Un tribunal suprême va juger les Ministres qui l'ont perdue. Les passions tumultuaires, envenimées après le combat, voudraient, pour laver du sang, le sang des accusés ou celui des juges. Moncey, bientôt octogénaire, entend l'appel de la menace! il accourt. Il prend part à la gloire la plus pure et la plus noble de la Pairie : l'inauguration d'un attribut du présent règne, la clémence, odieuse aux factions périssables, mais qui prépare aux dynasties naissantes la popularité prochaine et les respects de l'avenir.

Enfin, la Patrie désigne au doyen des Maréchaux son dernier champ de bataille. Lorsqu'elle lui confie le gouvernement des Invalides, il touche à ses quatre-vingts ans ; mais son cœur est resté jeune à l'égard de ses anciens frères d'armes. Leur âge rappelle au sien les plus beaux temps de nos combats, de nos triomphes ; il voit en eux les monuments animés d'une gloire qui, chaque jour, va cessant d'être contemporaine, pour s'élever à la postérité. Il veut du moins leur rendre doux les derniers moments du passage. Ont-ils quelques besoins personnels, quelques malheurs à soulager, quelques secours à réclamer pour leurs femmes ou leurs enfants ? qu'ils ouvrent leur âme au bon Maréchal : son traitement leur appartient. Il ne lui suffit pas d'être généreux ; il veut d'abord qu'on soit juste à leur égard, et que leur dû soit respecté dans toute son étendue. Son infatigable sollicitude passe en revue les moindres détails qui peuvent influer sur le bien-être, le confort, la vie de l'invalide. Tous les abus sont découverts par son austère vigilance. Mais, quelle lutte obstinée ne subit-il pas avant de les extirper, à son corps défendant ! (R) car les abus l'attaquent lui-même, comme un perturbateur qui les offense, dans la dignité de leur paix, et dans les droits acquis de leurs larcins.

Cette énergie victorieuse rappelle à notre mémoire un autre général intègre qui vainquit, comme Moncey, les peuples de l'Espagne citérieure; qui les gagna de même par ses vertus, austères pour lui, douces pour eux; et qui, malgré l'éclat de ses faits d'armes, n'est devenu, passez-moi le mot, populaire aux yeux des siècles suivants, que par l'énergie qui le faisait, même après quatre-vingts ans, continuer à poursuivre, le glaive des lois en mains, les corrupteurs des mœurs publiques et les dilapidateurs. Aussi la postérité l'appelle non le vainqueur, non le triomphateur, mais, plus grandement encore, Caton *le Censeur* (1).

Ayant parcouru, suivant ses longues vicissitudes, une vie presque séculaire, embrassons d'un coup d'œil les titres d'honneur de cette grande existence, si souvent éprouvée par des guerres différentes, et si souvent couronnée par la victoire.

La succession des nombreux gouvernements qui tour à tour ont dominé la France depuis cinquante années, et ruiné tant de caractères, honorables dans le principe, cette succession était nécessaire pour faire éclater, sous leurs aspects divers, toutes les vertus de Moncey. Le régime de la terreur montrait la fermeté de son âme à défendre l'humanité; les conquêtes républicaines dévoilaient son intégrité, victorieuse de tentations immenses, adressées à sa pauvreté; le Directoire et la Restauration révélaient sa dignité dans la

---

disgrâce, et sa supériorité dans la persécution; le Consulat faisait briller son dédain des ressentiments et son amour de la concorde; l'Empire étonné voyait son respect des lois, comptées alors pour si peu, et sa fidélité persévérante en faveur de la plus illustre infortune; le Gouvernement issu de juillet 1830 faisait apparaître sa détestation des vengeances qui survivent à la bataille; et son amour fraternel à l'égard du vieux soldat; et son indignation, qu'on proclamait surannée, contre l'improbité; enfin, sa piété pour les mânes de son plus grand bienfaiteur, mânes confiés à sa garde, et je dirais presque à son culte, dans le temple des Invalides, si la foi chrétienne pouvait accorder des Dieux Lares au séjour de la gloire humaine.

Messieurs les Pairs, un petit nombre de grands hommes et beaucoup d'hommes éminents ont été portés par la Providence au sommet de notre nation depuis un demi-siècle, afin d'accomplir des actions immortelles, au milieu d'événements immenses pour le présent, immenses pour l'avenir. Ces hommes ont élevé notre patrie, aux yeux de l'étranger, plus haut qu'elle n'avait jamais brillé sous l'antique monarchie. A l'aspect de tant de gloire, jaillie, c'est la vérité, jaillie de la foule, la générosité, la liberté, la victoire, nationalisées parmi nous, proclament la majesté du peuple français.

Un souvenir, digne de ce peuple et de ses trophées, s'est présenté comme un phare pour me guider dans ma route.

Après la victoire décisive remportée par la liberté à Marathon, le Fleurus de la Grèce! les Athéniens accordèrent à leur chef Miltiade, pour unique distinction, qu'il fût peint le premier à leur tête. Ainsi doit s'offrir à nous l'éloge national des chefs de l'armée française. En célébrant la valeur et la vertu de l'un d'eux, que j'ai dû peindre au premier rang, sans l'isoler du rang, j'ai voulu célébrer la valeur et la vertu de cette héroïque génération, qu'il fut si grand et si beau de commander dans les combats.

Mes nobles Collègues, ne soyons pas seulement justes envers les morts : à l'honneur des vivants, devançons, hélas! de trop peu, la voix de la postérité. Adressons le tribut de notre piété patriotique aux glorieux et rares débris que le temps, à coups si rapides, aura moissonnés dans un moment.

Honneur à ces hommes vaillants, qui tout à l'heure, suivant la noble expression de l'un d'eux, *seront aussi des ancêtres*, et dont le nom seul transmettra la noblesse à leurs descendants, comme la gloire à leur pays.

Soldats, officiers, généraux, qui, depuis Valmy jusqu'à Marengo, depuis Austerlitz jusqu'à Waterloo, tour à tour avez combattu pour la liberté, les lois et la grandeur de la nation, vous, qui survivez encore, souffrez que notre voix n'attende pas l'instant où vous ne pourriez plus l'entendre, pour payer à vos lauriers, à vos cicatrices, à vos cheveux blancs, l'hommage que tous les bons citoyens vous ont voué du fond de l'âme. Avant de rejoindre vos illustres compagnons, ensevélis sous des trophées qui ne périront point, laissez la reconnaissance publique jeter, au-devant de vos pas, les palmes et les couronnes qu'ont méritées vos exploits. Votre mémoire vivra dans les fastes de l'indépendance nationale ; c'est votre exemple qu'on invoquera, si jamais elle est menacée. On prendra vos noms pour devise, votre héroïsme pour modèle, et votre gloire pour but d'une sublime ambition. Vous avez acquis, dès votre jeunesse, ce que les grands cœurs aspirent à conquérir au prix de toute une vie; satisfaits de votre renommée, heureux des conquêtes sociales et civiques, assurées à la France par vos batailles de géants, achevez, dans l'honneur et la paix, une carrière décorée par de si beaux triomphes.

S'il est dans les décrets de Dieu, qui donne et retire la paix quand il lui plaît, que vous quittiez une patrie qui vous admire et vous révère, sans verser pour elle encore une fois votre sang, songez du moins, et diminuez ainsi vos regrets, qu'une génération digne d'apprécier tout ce qu'elle vaut, la grandeur de vos faits d'armes, ne se montrera pas indigne d'en reproduire les prodiges, dès qu'il faudra marcher sur vos traces, pour assurer, à votre exemple, les libertés, l'indépendance et la gloire de la France.

# PIÈCES OFFICIELLES,

Consultées pour écrire la vie du Maréchal Moncey.

## (A.)

Une inspiration digne du patriotisme et du génie de Carnot est attribuée communément au premier consul. Voici comment Carnot, ministre de la guerre, apprend à La Tour-d'Auvergne la distinction digne des temps antiques, imaginée par un homme digne de comprendre et de récompenser l'héroïsme et la vertu:

En fixant mes regards sur les hommes dont l'armée s'honore, je vous ai vu, et j'ai dit au premier consul:

« *La Tour-d'Auvergne-Corret*, né dans la famille de Turenne, a hérité de sa bravoure et de ses vertus.

« C'est l'un des plus anciens officiers de l'armée, c'est celui qui compte le plus d'actions d'éclat; partout les braves l'ont nommé le plus brave.

« Modeste autant qu'intrépide, il ne s'est montré avide que de gloire, et a refusé tous les grades.

« Aux Pyrénées-Occidentales, le général commandant l'armée rassembla toutes les compagnies de grenadiers, et pendant le reste de la guerre ne leur donna point de chef. Le plus ancien capitaine devait les commander, c'était *La Tour-d'Auvergne*. Il obéit, et bientôt ce corps fut nommé par les ennemis ; *la colonne infernale*.

« Un de ses amis n'avait qu'un fils, dont les bras étaient nécessaires à sa subsistance : la conscription l'appelle. La Tour-d'Auvergne, brisé de fatigues, ne peut travailler, mais il peut encore se battre. Il vole à l'armée du Rhin, remplace le fils de son ami, et pendant deux campagnes, le sac sur le dos, toujours au premier rang, est à toutes les affaires, et anime les grenadiers par ses ██████ et son exemple.

« Pauvre, mais fièr██████ent de refuser le don d'une terre

que lui offrait le chef de sa famille. Ses mœurs sont simples, sa vie est sobre; il ne jouit que du modique traitement de *capitaine à la suite*, et ne se plaint pas.

« Plein d'instruction, parlant toutes les langues, son érudition égale sa bravoure, et on lui doit l'ouvrage intéressant intitulé : *les Origines gauloises*.

« Tant de vertus et de talents appartiennent à l'histoire; mais il appartient au premier consul de la devancer. »

Le premier consul, citoyen, a entendu ce précis avec l'émotion que j'éprouvais moi-même; il vous a nommé sur-le-champ *premier grenadier des armées de la République*, et vous décerne *un sabre d'honneur*. Salut et fraternité. *Signé* Carnot.

Arrêté du 7 floréal an VIII (27 avril 1800): Le défenseur de la patrie LA TOUR-D'AUVERGNE-CORRET est nommé *premier grenadier des armées de la République*; il lui sera décerné un sabre d'honneur.

( B. )

Nous allons citer une admirable lettre écrite par La Tour-d'Auvergne à son intime ami, lorsqu'il eut reçu le beau titre de *premier grenadier des armées de la République.*

« Vous me connaissez bien peu, mon très-respectable compatriote, si vous pensez que mon cœur a pu s'ouvrir à la joie sur l'événement qui m'arrive; je n'eus jamais plus de besoin de consolations que dans le moment où vous m'adressez des compliments et des félicitations. Quelqu'un qui ne sut compter avec sa patrie que pour briguer l'honneur de la servir, et qui rangea toujours parmi les choses les plus indifférentes les éloges, les honneurs, les rangs et les distinctions, pourrait-il n'être pas vivement affecté de voir attacher à ses faibles services un prix aussi énorme et aussi disproportionné? Supérieur aux craintes comme aux espérances, tout me fait un devoir de m'excuser d'accepter un titre qui, à mes yeux, ne paraît applicable à aucun soldat français, et surtout à un soldat attaché à un corps où l'on ne connut jamais *ni premier, ni dernier.* Je suis trop jaloux de conserver des droits à l'estime des valeureux grenadiers et à [illegible], pour consentir à aliéner de moi leur cœur, en blessant leur délicatesse. Les voies où j'ai marché ont toujours été droites et faciles. J'attendais de mes services (si l'on y attachait un jour quelque prix) un salaire plus conforme à mes goûts, et plus digne d'un homme de guerre : ou l'oubli, ou que l'on ne s'en rappelât qu'à ma mort. Mais il est des contrariétés dont toute la prudence humaine ne saurait nous garantir..... J'ai besoin de causer avec vous, de vous voir ; en attendant, je vous embrasse de tout mon cœur, *et vous prie de me conserver votre précieuse amitié.* Le citoyen La Tour-d'Auvergne-Corret. »

Cette lettre, digne d'un héros de Plutarque, était écrite à son compatriote M. Lebrigand, dont le fils aurait dû partir pour la conscription. Mais La Tour-d'Auvergne, pour conserver à ce vieillard octogénaire son unique appui, avait obtenu du Directoire exécutif de remplacer lui-même ce jeune homme, lors de la reprise des hostilités, après l'assassinat des plénipotentiaires de Rastadt. Voilà ce qu'était pour l'amitié, cet homme si grand pour l'honneur et pour le patriotisme.

(C.)

Afin de peindre dans leur héroïque naïveté les mœurs de l'époque dont nous retraçons quelques scènes militaires, nous croyons devoir citer ici deux lettres du général en chef Muller, adressées, à l'issue du combat de la Bidassoa, la première à Moncey, la seconde à La Tour-d'Auvergne.

*Muller,* général en chef, au citoyen Moncey, commandant l'avant-garde de droite :

« Il semble, mon cher camarade, que les obstacles ne naissent devant toi que pour irriter ton âme magnanime et pour lui ménager des victoires sur toi-même. — En effet, malade et très-malade dans ton lit, épuisé des fatigues au physique et au moral, tu entends le canon. Eh bien ! le courage et l'amour de la liberté te donnent des forces. Tu voles au combat, et ton intelligence, la confiance que tu inspires te donnent une part glorieuse à la victoire remportée sur les tyrans, le 17 du courant. Qu'il est doux pour mon cœur de voir que je puis me dire l'organe de l'armée quand je te manifeste le plaisir inexprimable que ta conduite a inspiré dans cette circonstance,

( 57 ).

qui, au reste, ne fait que rappeler celle que tu as toujours
tenue. »

*Au citoyen La Tour-d'Auvergne :*

« Je sais, mon camarade, que ton âme fière n'ambitionne
pas d'éloges, et qu'elle est assez satisfaite quand elle peut se
dire à elle-même : *Tu as bien fait, tu as bien servi la République.* Aussi, je ne prends la plume que pour satisfaire à un
besoin invincible de mon cœur, qui me porte à te dire la joie
inexprimable que m'inspire ta conduite dans l'affaire du 17
courant, où tu as rallié nos troupes avec ta sublime bravoure,
une intelligence rare et la confiance ; enfin, où tu as contribué
d'une manière bien immédiate aux succès remportés sur nos
ennemis. Ce sont là les sentiments de l'armée, dont je ne suis
que l'écho dans cette circonstance. — Idem compliments à
Jacob Rouchi, commandant les grenadiers. »

## ( D. )

Attestation de civisme donnée au général de brigade provisoire Moncey, par le 1ᵉʳ bataillon de la 5ᵉ demi-brigade :

« Liberté. — Égalité. — Fraternité.

« Certifions que depuis son entrée audit bataillon, et promu
par l'unanimité des suffrages de ses camarades au grade de
chef de bataillon, sa conduite estimable a su lui mériter le
cœur de tout le monde. Avant la révolution, il était des soldats le protecteur, l'ami et le frère ; et depuis, il en est toujours le défenseur et l'appui. Ses chasseurs n'oublieront jamais
la journée du 6 juin 1793 (v. s.), où ses talents militaires, sa
surveillance et sa prudence ont sauvé l'avant-garde qu'il commandait à Blanc-Pignon, jour mémorable pour eux ! Ils n'oublieront pas non plus les différentes affaires de la campagne
où il a su faire éclater, à la tête du bataillon, ses vertus militaires, et principalement celle du 17 pluviôse an 11, où il a
prouvé qu'un chef revêtu de la confiance bien méritée du soldat, double sa force et donne à son courage et à son intrépi-
dité naturelle toute l'énergie d'un vrai républicain.... » Signé
par les conseils du bataillon et de la demi-brigade (9 prairial
an 11).

### ( E. )

Dans les archives qui proviennent du comité de salut public, on trouve cette note importante, qui me paraît rédigée par Carnot :

*Bureau des officiers généraux. — Comité de salut public.*

### 28 fructidor an II.

*Moncey :* Il paraît qu'il refuse le commandement en chef ; il prie la commission de faire valoir auprès du Comité de salut public les puissants motifs qui justifient son refus.

*Ordre : Écrire à Moncey qu'un bon citoyen comme lui se dévoue pour son pays, et que sa modestie ajoute à ses talents.*

### ( F. )

Il ne faut pas croire que les soldats de la colonne infernale fussent les seuls à donner d'aussi grands exemples. « La colonne partie de Tardès, après quatre jours de marche dans des montagnes presque inaccessibles, n'ayant eu pour toute subsistance que trois biscuits, ne s'est pas plainte et s'est contentée de crier : Vive la République ! lorsqu'arrivée à Orbaycette, je n'ai pu, dit le général Moncey, lui faire donner du pain qu'elle m'était venue demander. L'ennemi avait brûlé ses fours ; on ne pouvait faire du pain. Il fallut délayer avec de l'eau la farine disponible, pour la convertir en aliment sans cuisson. Eh bien ! cette troupe a oublié ses peines et ses fatigues et n'a plus songé qu'au triomphe de nos armes. »

### ( G. )

Voici comment l'illustre Carnot a jugé cette brillante expédition.

*Comité de salut public. — Lettre aux représentants du peuple en mission près l'armée des Pyrénées-Occidentales.*

« La victoire remportée sur les Espagnols par l'armée des Pyrénées-Occidentales est d'autant plus honorable, qu'elle est le résultat des dispositions prises à l'avance et longtemps méditées par le général Moncey.

« On nous assure que la santé du brave général Moncey est

tellement délabrée, qu'il lui devient physiquement impossible de continuer ses fonctions de commandant. Nous verrions sa retraite avec beaucoup de peine. Mais, si un certain temps de repos lui était indispensable, il serait de la justice et de la reconnaissance nationale de lui accorder un congé. »

Ce congé, si nécessaire, Moncey ne l'a pris qu'un an plus tard, après tous les combats, après tous les dangers de l'épidémie à laquelle son armée fut bientôt en proie. On verra, note (K), dans quels termes Moncey, valétudinaire, répond à l'offre d'un congé qu'il n'avait pas sollicité.

### (H.)

Dès la fin d'octobre (8 brumaire et avant), des soldats sont morts de froid sur les retranchements qu'ils démolissaient; d'autres, bloqués dans leurs postes, sont restés ensevelis sous les neiges qui tout à coup ont couvert les montagnes des Pyrénées. (*Rapport du général en chef.*)

### (I.)

Lettre du représentant Garran au Comité de salut public. — 12 janvier 1795. Vivres, fourrages, habillements, chaussures, moyens de transport, tout manque, ou *sont* sur le point de manquer; les hôpitaux sont dans un état déplorable.

Lettre de Moncey au Comité de salut public. — 13 février 1795. Une des causes premières des maladies, c'est le *dénûment de couvertures et autres effets, où l'on a laissé la troupe pendant la saison rigoureuse.*

### (K.)

Lettre au Comité de salut public. — 6 décembre 1794.

« Je ne profiterai de l'instant de repos que vous voulez bien me donner, que lorsqu'il ne sera plus possible de négliger l'état de ma faible santé. Mais la situation de l'armée, les soins que je lui dois pour la réorganiser, la discipliner et la bien asseoir dans ses cantonnements, ne me permettront pas encore de songer à moi. — Salut et fraternité. — Moncey. » Le lendemain il envoie sept drapeaux pris à l'ennemi; en échange du drapeau d'honneur qu'il a reçu de la Convention.

( 60 )

### (L.)

On va voir avec quel esprit de sagesse et de sagacité le général Moncey étudiait et révélait au gouvernement l'état des esprits et le jeu des factions dans les départements du Midi.

Lettre au Comité de salut public. — 2 vendémiaire an III (23 septembre 1795).

« Il existe, dans les départements, deux partis cachés qui ne tiennent pas du tout au seul parti raisonnable, celui des amis de l'ordre, de la constitution et du bonheur public. Ces deux partis cachés sont le terrorisme et le royalisme. Le premier cherche à égarer la troupe pour la porter au désordre, exercer des vengeances particulières sur telles ou telles maisons désignées comme aristocratiques; le second, celui du royalisme, porte le soldat à la désertion, en lui faisant le tableau des douceurs de la vie domestique, en lui peignant avec horreur la situation de la Vendée. Malheureusement ces différentes insinuations ne réussissent que trop. Le militaire, qui aime la république, se porte à des excès contre ceux qu'on lui désigne comme ses ennemis; son imagination, flattée momentanément de l'espoir d'embrasser sa famille, abandonne ses drapeaux; et ceux qui ont provoqué cette désertion s'applaudissent du succès de leurs menées. »

### (M.)

Croira-t-on que six mois après le 8 fructidor, le ministre de la guerre, consulté par le Directoire exécutif sur les réclamations de Moncey, ne rougisse pas de répondre :

« Le ministre fait remarquer que ce général est réformé, et que le rapport n'a d'autre objet que de remplir l'intention du Directoire, et de prévenir tout retour de confiance de sa part dans ce général. » — Le ministre était Schérer, qui bientôt après devait humilier nos armées en Italie.

### (N.)

Les trois députations des Landes, des Hautes et des Basses-Pyrénées, au Directoire exécutif :

« Citoyens directeurs, nous venons rappeler à votre souvenir les services rendus à la république par le général Moncey, qui a commandé l'armée des Pyrénées-Occidentales, qui l'a toujours conduite à la victoire, etc.

« Mais vous ignorez peut-être que ses vertus guerrières l'ont peut-être rendu moins cher aux compagnons de ses exploits ainsi qu'aux habitants de nos départements frontières, que sa justice, son humanité et son excessive délicatesse. Sachez, citoyens directeurs, de nous qui sommes témoins de sa conduite civile et militaire, qu'il a poussé si loin son désintéressement, qu'il fut une époque, celle de la plus grande dépréciation des assignats, où pour se soutenir avec honneur au poste de général en chef, il a morcelé le patrimoine de ses enfants; et que cette vérité, connue de nos compatriotes, lui a, plus que ses exploits, assuré des droits sacrés à leur estime, à leur attachement, à leur reconnaissance. Cependant, comme il a commandé une armée dans les temps les plus orageux de la révolution, manquant souvent de pain, vous sentez qu'alors le voisinage en a dû être bien à charge aux habitants. Néanmoins telle a été la conduite du général Moncey, il a tellement gagné la confiance de nos concitoyens, qu'elle a résisté à l'épreuve des gênes et des privations les plus sensibles qu'il a souvent dû leur imposer.

« C'est donc avec la plus grande confiance que nous venons solliciter de l'emploi pour le général Moncey. Nous sommes persuadés qu'il justifiera votre confiance, et que le gouvernement n'a pas à son service de défenseur plus fidèlement attaché, plus brave et plus désintéressé. » (*Signé par les représentants du Conseil des Anciens et du Conseil des Cinq-Cents, appartenant aux trois départements qu'avait défendus et protégés l'armée des Pyrénées-Occidentales.*)

La députation de la Gironde appuie cette démarche par son suffrage spécial. — Toutes ces démarches restent sans succès.

Ainsi, sous un régime prétendu populaire et représentatif, les plus nobles témoignages, les plus purs et les plus désintéressés, des populations et de leurs représentants, ne pouvaient pas obtenir qu'on réparât une injustice en faveur d'un général illustré par la gloire et par la vertu !...

## (O.)

J'ai trouvé dans les archives qu'on m'a permis de consulter, la lettre suivante de l'illustre général Foy, qui s'exprime avec la franchise et l'indignation d'un soldat, sur l'injustice qu'éprouvait un héros qu'il a toujours admiré, et dont il a fait plus tard l'éloge le plus éloquent.

L'adjudant général Foy, commandant la place de Milan, au général Moncey.

« La nouvelle de votre remplacement a porté l'indignation dans toutes les âmes honnêtes; elle a rempli de joie une quarantaine de brigands aussi odieux à leurs concitoyens qu'à l'armée. (Le gouvernant Visconti en avait reçu l'avis par une lettre signée Berthier, qu'on faisait circuler dans Milan.)

« Il faut, mon général, que les gouvernants fripons qui se réjouissent de votre départ, soient bien coupables, et qu'ils aiment bien peu leur pays! Toutes vos vues étaient portées vers l'économie; votre présence en Cisalpine eût épargné à ce pays dix millions au moins. Je ne puis que vous répéter qu'il n'y a qu'une voix sur votre compte : je ne parle pas de l'armée; celui qui s'est sacrifié pour elle éprouvera tous ses regrets; les officiers et les soldats n'ignorent pas que vous n'avez jamais été occupé que de leurs intérêts et de leur bonheur. Mais, en outre, tout ce qu'il y a en Italie d'hommes attachés à la patrie par leurs propriétés ou par l'amour du bien, regardent votre départ comme une calamité publique.»

## (P.)

Le général Foy, dans son ouvrage intitulé : *Guerre de la Péninsule, sous Napoléon*, fait la mention suivante des premiers faits d'armes du maréchal Moncey, dans la campagne de 1808.

L'expédition sur Valence devait, d'après les instructions données par l'empereur, marcher de front avec celle de l'Andalousie; elle fut confiée au maréchal Moncey, duc de Conégliano. S'il y avait parmi les généraux français un homme propre à rallier les esprits au gouvernement, c'était bien le maréchal Moncey. Ce vieux guerrier était honoré de tous par sa chevalerie, son amour du bien public et son fanatisme de probité. Les Espagnols vénéraient en lui le général qui, ayant envahi en 1795 la Navarre et la Biscaye, à la tête d'une armée républicaine, avait marqué des égards constants aux agents du gouvernement, aux grands, aux prêtres, et avait fait que les croix étaient restées debout sur les grands chemins. Depuis le traité de Bâle, toutes les fois que l'Espagne avait été près de subir l'obligation de donner passage sur son territoire à une armée française, pour aller en Portugal, Charles IV avait demandé que Moncey en eût le commandement. Le maréchal rendait avec usure les sentiments qu'on lui portait. Depuis qu'il avait passé les Pyrénées à la tête du corps d'observation des côtes de l'Océan, il avait protégé le peuple sans cesser d'être le père des soldats. Au 2 mai, il ne s'était montré que pour diminuer l'effusion du sang. Si Moncey n'eût pas été Français, il eût voulu être né Espagnol.

## (Q.)

Voici le texte de l'ordonnance du roi qui destitue le maréchal Moncey, au nom d'une loi de la république, une et indivisible!

« Considérant que le refus de M. le maréchal Moncey ne peut être attribué qu'à un esprit de résistance et d'*indiscipline* d'autant plus coupable qu'on devait attendre du rang éminent qu'il occupe dans l'armée et des principes de subordination que, dans sa longue carrière, il a dû apprendre à respecter :

« Nous avons résolu de lui appliquer la peine portée par l'article 6 de la loi *du* 13 *brumaire an* v, contre tout *officier* qui, sans excuse valable, refuse de siéger dans le conseil de guerre où il est appelé :

« A ces causes, nous avons ordonné et ordonnons ce qui suit : Art. 1er. M. le maréchal Moncey est *destitué*; il subira une peine de trois mois d'emprisonnement..... Donné à Paris, le 29 août 1815. »

(R.)

Nous allons citer une belle lettre où M. le maréchal duc de Dalmatie, l'ancien et fidèle ami du duc de Conégliano, lui fait connaître sa pensée et celle de l'armée tout entière, au sujet de cette lutte en même temps si pénible et si glorieuse (Saint-Amans-la-Bastide, 17 juillet 1836).

« M. le Maréchal ,...., j'ai reçu la lettre que vous m'avez fait l'amitié de m'écrire le 10 de ce mois. Je suis bien empressé de vous en remercier. Elle me fournit une nouvelle occasion de vous adresser mes sincères félicitations au sujet des indignes tracasseries qui vous ont été suscitées. Vos vertus et votre gloire en seront rehaussées, quel que soit le résultat des investigations auxquelles l'inconcevable commission d'enquête qui a été nommée a dû se livrer. Mais à quoi bon cette commission? Les faits révoltants que vous avez signalés dans votre excellent mémoire, dont je vous suis très-reconnaissant, ne disaient-ils pas suffisamment que les abus les plus criants étaient à réformer? Pour les avoir démasqués, ne devrait-on point vous louer, et vous donner l'appui qu'avec tant de raison vous réclamez? Mais, je le répète, il est impossible que vous ne sortiez pas triomphant de cette lutte, et, s'il y a scandale, ce ne sera point votre honneur qui en souffrira. Quoi qu'il arrive, vos amis, l'armée et l'opinion publique vous dédommageront des désagréments qui, jusqu'à présent, vous en sont revenus. Mais le corps si honorable de MM. les maréchaux de France devra surtout vous être reconnaissant d'avoir aussi dignement défendu vos justes droits, si étrangement méconnus. Je suis donc sans la moindre inquiétude sur l'*issue morale* de cette vilaine affaire. Cependant je ne puis me défendre de la crainte que votre santé, déjà trop affaiblie, en puisse souffrir, et je fais des vœux toujours plus ardents pour qu'elle y résiste.

« J'ai l'honneur de vous renouveler, mon cher maréchal, l'assurance de mon inaltérable et constante amitié. Signé , duc de Dalmatie. »

FIN.

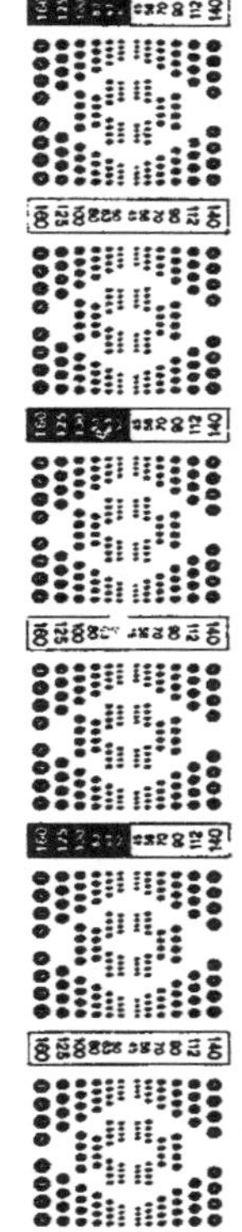

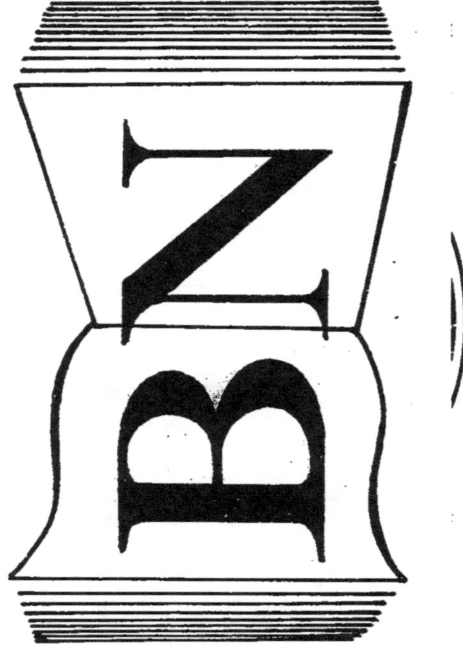

**MIRE ISO N° 1**
**NF Z 43-007**
**AFNOR**
Cedex 7 - 92080 PARIS-LA-DÉFENSE

9 782013 279857